AF452142

MUSÉE

DE

LA VILLE DE BÉZIERS

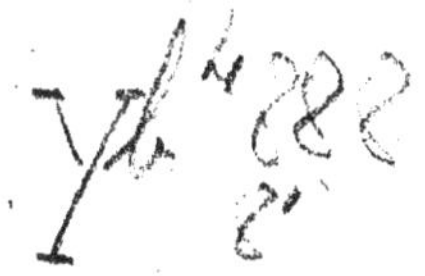

MUSÉE

DE

LA VILLE DE BÉZIERS

LISTE & EXPLICATION DES TABLEAUX QUI Y SONT EXPOSÉS

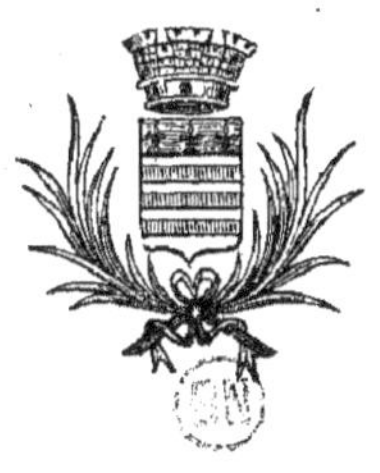

BÉZIERS

IMPRIMERIE D'ADRIEN GRANIÉ

3, RUE DU CHAPEAU-ROUGE, 3.

1874

Le Musée de Béziers est une création récente, dont tout l'honneur revient à la Société Archéologique de cette ville. On sait que, dès l'année 1834, époque de sa fondation, cette Société consacra ses soins, son zèle et ses modestes ressources à réunir les éléments principaux d'un Musée. Médailles, vases antiques, monuments lapidaires, furent l'objet constant de ses recherches. Quand ses productions lui parurent dignes de quelque intérêt, elle s'empressa d'en faire don à la Ville.

Ce fut le 1er Juin 1859 que ce don fut solennellement transmis aux représentants de la cité par M. Carou, président de la Société. Voici le début du discours qu'il prononça dans cette solennité, qui avait attiré à l'Hôtel-de-Ville l'élite de la population :

« MESSIEURS,

« Il y a vingt ans, le Président de la Société Archéologique,
» debout au pied de la statue de Riquet, livrait solennellement
» à ses concitoyens ce monument de la reconnaissance publique.

» Nous accomplissons aujourd'hui une seconde promesse. Le
» Musée de Béziers est fondé.

» En nous séparant des modestes richesses laborieusement
» recueillies pour sa fondation, nous sommes dédommagés par
» cette pensée que nous dotons notre cité d'un Établissement à
» la fois honorable et utile.

» Les travaux de l'histoire, les progrès de la science et de
» l'industrie, ne répondent pas à tous les besoins de l'homme, et
» la nature a réservé dans son âme une place à des désirs et à
» des instincts qu'il ne sauraient satisfaire.

» Les Musées ont donc une mission particulière à remplir
» dans l'œuvre générale de la civilisation.

» Cette mission est d'éveiller le goût des beaux-arts, d'adoucir
» les mœurs par les jouissances pures et nobles qu'ils procurent,
» de susciter et de développer les vocations artistiques, et de
» fixer autant que possible en France les belles peintures qu'elle
» possède ou que ses artistes produisent.

» Le goût des arts ne peut naître et se développer que par le
» spectacle de leurs chefs-d'œuvre. Pourquoi l'art antique
» s'éleva-t-il à la perfection que nous révèlent ses débris, et que
» nous n'avons encore pu atteindre? C'est que toutes les villes
» étaient alors peuplées de ses merveilles.... »

M. Fabrégat, maire, dans une chaleureuse
improvisation, remercia, au nom de la Ville, la
Société Archéologique du don précieux dont elle
venait de la doter.

Après avoir rapidement énuméré les illustrations
dont Béziers est fier, et déploré que dans cette

riche galerie ne brillât encore ni un peintre, ni un sculpteur, **M.** le Maire se plut à espérer que le stimulant d'un Musée ferait bientôt combler cette regrettable lacune.

En attendant que cette espérance, inspirée par le sentiment du patriotisme, se réalise, nous avons pensé que notre Musée naissant, récemment enrichi par les dons du Gouvernement et par quelques dons privés, avait déjà une importance relative et était digne de quelque attention. Nous croyons donc rendre un service en initiant le public à la connaissance des œuvres qui le composent.

Le Musée de Béziers a été inauguré le 2 Juin 1859.

Il avait été formé ce jour-là une exposition publique qui réunissait momentanément, aux tableaux possédés par la Ville et la Société Archéologique, tous les tableaux disséminés dans les collections particulières de Béziers.

Nous aurions voulu pouvoir adopter l'ordre alphabétique pour le classement des tableaux; mais ce système, excellent pour les collections faites, serait difficile à appliquer à un Musée en pleine formation; il obligerait à des remaniements trop fréquents dans le numérotage.

MUSÉE DE LA VILLE DE BÉZIERS

PEINTURE

GIOTTO (École de)

1. — La Nativité. Chœur d'Anges dans le haut.

Ce tableau provient de la collection Campana. Il a été donné par l'État.

Haut., 1ᵐ60. — Larg., 0ᵐ95.

GIOTTO (École de)

2. — Mater dolorosa.

Donné par M. Cazals.

Haut., 0ᵐ38. — Largeur, 0ᵐ30.

Maître inconnu (École lombarde).

3. — Sainte-Famille.

La Vierge soutient l'Enfant Jésus, qui bénit le petit saint Jean-Baptiste. A gauche du groupe, saint Joseph joint les mains dans l'attitude de l'adoration; à droite, saint François et une sainte Martyre, tenant à la main l'un une croix, l'autre une palme.

Ce tableau faisait partie du Musée Campana. Il a été donné par l'État.

Peint sur bois. — Haut., 0ᵐ60. — Larg., 0ᵐ90.

DOMINIQUIN (Domenico-Zampierri, dit Le), né à Bologne en 1581, mort à Naples en 1644.

4. — Portraits du Pape Grégoire XV et de Ludovico Ludovisi, cardinal, neveu.

Grégoire XV fut élu pape le 9 février 1621 et mourut le 8 juillet 1623, à l'âge de 70 ans. Les deux portraits sont en pied et de grandeur nature.

Cette magnifique toile a primitivement fait partie de la galerie Borghèse, à Rome. Elle a été apportée en France en même temps que les *Trois Grâces* de Raphaël, du Musée royal de Londres, par M. Reboul. Elle a été acquise des héritiers de ce dernier par la Société archéologique, qui en a fait don au Musée.

Peint sur toile. — Haut., 2^m20. — Larg., 1^m47.

TITIEN (Tiziano-Vecelli, dit Le), né à Pève-de-Cadore en 1477, mort à Venise en 1576.

5. — Tobie et son fils enterrant les morts.

Sur le devant du tableau, on aperçoit une fosse récemment creusée, car les outils sont encore là. Tobie et son fils déposent un cadavre dans cette tombe. Une femme, tenant un flambeau, éclaire les pieux travailleurs et fait ruisseler la lumière sur le torse de l'homme que l'on va ensevelir. Un autre cadavre enveloppé dans son linceul est déposé à l'écart; à gauche, la voûte de la grotte où se passe la scène s'ouvre sur un ciel pur et transparent, où étincelle le disque plein de la lune, mordu par quelques branches d'arbre.

Le Livret du Musée Napoléon III, où a figuré ce tableau, s'exprimait ainsi : « Quoiqu'il soit regardé comme un des derniers ouvrages du Titien, ce tableau est très-ferme et conserve tout le prestige du brillant coloris du maître. On lit sur une pelle : *Titianus F.*, inscription qui se trouve répétée sur une ancienne gravure qui reproduit fidèlement cette composition du grand peintre vénitien.

Cette peinture faisait partie de la collection Campana. Elle a été donnée au Musée par l'État.

Peint sur bois. — Haut., 0ᵐ73. — Larg., 0ᵐ98.

GUERCHIN (GIOVANNI-FRANCESCO-BARBIERI, dit LE), né à Bologne le 9 février 1590, mort le 24 décembre 1666.

6. — La Femme aux trois couronnes.

Cette gracieuse figure est le portrait d'une artiste inconnue de nous. Elle tient de la main droite une couronne de fleurs qui vient de lui être offerte, et semble se retourner pour remercier le public. Elle a placé sur sa tête une autre couronne. Enfin une troisième couronne, toute semblable aux deux autres, jetée par elle sur une table à droite, cache à demi l'archet et le violon qu'elle vient d'y déposer.

Ce tableau, apporté de Naples par M. Perrot, de Nimes, a été acheté à ce dernier par la Commission du Musée.

Peint sur toile. — Haut., 0ᵐ92. — Larg., 0ᵐ70.

GUERCHIN (Attribué à).

7. — La Maternité.

Ce tableau a été donné au Musée par M. Huc, économe du Collége.

Toile. — Haut., 1ᵐ10. — Larg., 0ᵐ90.

GUIDE (Guido-Reni, dit Le), né à Bologne en 1575, mort à Rome en 1642.

8. — La Fortune (copie).

Ce tableau a été donné au Musée par Mme la marquise de Villeneuve.

Toile. — Haut., 1^m62. — Larg., 1^m30.

STELLA (Jacques), né à Lyon en 1596, mort à Paris en 1647.

9. — La Présentation de Jésus au temple.

Ce tableau, qui a malheureusement subi quelques repeints maladroits, a longtemps fait partie de la galerie du cardinal Fesch. Il a été acheté, à Paris, par M. Fabrégat, maire.

Toile. — Haut., 3^m40. — Larg., 2^m22.

PARROCEL (Pierre. — Attribué à), né à Avignon en 1664, mort à Paris en 1729.

10. — Le Massacre des Innocents.

Ce tableau a été acquis par la Société archéologique.

Toile. — Haut., 0^m72. — Larg., 1^m25.

BON BOULLONGNE, né à Paris en 1649, mort dans la même ville le 15 mai 1717.

11. — Le Miracle de saint Benoît.

Satan empêche le déplacement d'une pierre à l'entrée

d'un couvent en construction, et arrête les travaux. Saint Benoît, prévenu par les moines, apparaît sur le seuil et exorcise le démon qui s'enfuit.

Ce tableau a été acquis par la Commission du Musée.

Toile. — Haut., 1^m02. — Larg., 2^m20.

HOECK (JEAN VAN), né à Anvers au commencement du XVIIe siècle.

Il fut l'élève et l'ami de Rubens.

12. — Portrait de femme.

La figure et les mains sont finement peintes ; les détails du costume sont curieusement cherchés et consciencieusement rendus. La coiffure bizarre, et surtout la cordelière de veuve, reproduisent les modes du XVIIe siècle. Sur le panneau, à gauche, se trouve un cartouche qui porte les initiales du peintre, et au-dessous cette inscription : *Ætatis suæ 26, anno 1634.*

Ce tableau a été acquis par la Société archéologique, et donné par elle au Musée.

Bois. — Haut., 1^m20. — Larg., 0^m75.

FYT (JOHANNES. — École hollandaise).

13. — Un Chat sauvage flairant du gibier.

Ce tableau, peint avec une habileté de touche que le maître n'a jamais dépassée, a été acquis par la Commission du Musée.

Bois. — Haut., 0^m48. — Larg., 0^m59.

MAAS (École hollandaise).

14. — Chevaux à vendre à la porte d'une hôtellerie.

Ce tableau a été acquis par la Commission du Musée.

Toile. — Haut., 0ᵐ68. — Larg., 0ᵐ59.

GOYEN (JEAN VAN. — École hollandaise).

15. — Château en ruine au bord d'une rivière. Sur le devant, deux hommes traînent une barque.

Ce tableau a été acquis par la Commission du Musée.

Bois. — Haut., 0ᵐ55. — Larg., 0ᵐ68.

DOÈS (JACQUES VANDER. — École hollandaise).

16. — Paysage et Animaux.

Une femme et un enfant gardent un troupeau. Dans le fond, des bœufs et des chevaux s'abreuvent.

Ce tableau a été acquis par la Commission du Musée.

Toile. — Haut., 0ᵐ68. — Larg., 0ᵐ68.

BRECKELINCAMP (QUÉRIN VAN. — École hollandaise).

17. — Un Concert de Famille.

Ce tableau a été acquis par la Commission du Musée.

Haut., 0ᵐ60. — Larg., 0ᵐ73.

GAMELIN (JACQUES. — École française), né à Carcassonne en 1735, mort à Lyon en 1803.

18. — Titus accordant la liberté à des prisonniers.

Ce tableau a été donné au Musée par la Société archéologique.

Toile. — Haut., 0^{m}55. — Larg., 0^{m}72.

Même auteur.

19. — Épisode de l'armée des Pyrénées-Orientales, commandée par le général Dugommier, en 1794. — Gamelin était attaché à l'état-major de ce corps comme peintre.

Bois. — Haut., 0^{m}34. — Larg., 0^{m}36.

Même auteur.

20. — Même sujet.

Ce tableau forme pendant. Il provient, comme le précédent, du cabinet de M. Lapret.

Bois. — Haut., 0^{m}34. — Larg., 0^{m}38.

PILLEMENT (JEAN), né en Languedoc en 1725, mort à Lyon en 1806.

21. — Paysage avec figures et animaux.

Ce tableau a été donné au Musée par la Société archéologique.

Toile. — Haut., 0^{m}68. — Larg., 0^{m}93.

Même auteur.

22. — Paysage formant pendant avec le précédent.

Ce tableau a été donné au Musée par la Société archéologique.

Toile. — Haut., 0ᵐ63. — Larg., 0ᵐ92.

Même auteur.

23. — Paysage avec figures et animaux.

Peinture à la gouache et au pastel.

Ce tableau a été donné au Musée par la Société archéologique.

Toile. — Haut., 0ᵐ45. — Larg., 0ᵐ65.

Même auteur.

24. — Même sujet, formant pendant avec le précédent.

Peinture à la gouache et au pastel.

Toile. — Haut., 0ᵐ48. — Larg., 0ᵐ68.

COLIN (ALEXANDRE), ex-directeur de l'École de Peinture de Nîmes, élève de Girodet, né à Paris en 1798.

25. — Christophe Colomb devant le Conseil de Salamanque.

Le sujet de ce tableau est une des pages les plus intéressantes et peut-être les moins connues de la vie de

Christophe Colomb. Tout le monde sait les refus et les dégoûts
que ce grand homme eut à essuyer dans la plupart des cours
de l'Europe ; partout on le traita de visionnaire et d'esprit
chimérique. Le Portugal, Gênes et Venise n'ayant pas
seulement daigné l'écouter, il entreprit, malgré son extrême
pauvreté, d'aller implorer la cour d'Espagne. Il obtint une
lettre de recommandation près d'Isabelle de Castille, qui
ordonna à son confesseur de réunir une commission savante
pour examiner les projets de Christophe Colomb. La confé-
rence s'ouvrit en 1484, au couvent de Saint-Étienne. La
commission était composée de clercs, professeurs, dignitaires
de l'Église, moines, érudits, etc., etc.

L'artiste le représente au moment où il discute, une main
sur un livre, l'autre sur la sphère ; il argumente, il prouve,
il réfute. Mais déjà son œil s'anime, sa figure s'éclaire, son
cœur s'échauffe ; autour de lui sont rangés des juges qui
l'écoutent à demi, sourient de pitié et hochent dédaigneuse-
ment la tête ; l'un d'eux même, se frappant du doigt le front,
indique à son voisin que le pauvre orateur a le cerveau fêlé.

Ce tableau a été exposé à Paris, au salon de 1843 ; il a été
gravé sur bois dans le recueil du *Magasin pittoresque* de la
même année.

Donné au Musée par l'État.

Toile. — Haut., 2^m16. — Larg., 2^m80.

BREST (FABIUS), né à Marseille.

26. — Place de l'At-Méïdan, à Constantinople.

Au centre du tableau, l'obélisque de Théodose marque le
milieu de l'ancien hippodrome. Un peu à droite, le tronçon
de la colonne Serpentine, en bronze, que la tradition dit avoir
été apportée du temple de Delphes, la mosquée du sultan
Achmet ; plus loin, les minarets de Sainte-Sophie. Sur le

second plan, on aperçoit des arbres qui ont acquis une célébrité sinistre. Le grand vizir y fit pendre, en 1826, quelques janissaires qui tenaient encore dans la mosquée d'Achmet, après la prise de l'At-Méïdan par les troupes du sultan Mahmoud. Au fond s'entassent des maisons diaprées de couleurs, avec leurs étages en surplomb et leurs moucharabys grillés. Sur la place circulent les mouchirs à cheval, les piétons de toute race et de tout costume, les femmes en feredgés rose pistache ou bleu, les âniers conduisant leur troupean nain, des marchands vendant des concombres et des épis de maïs grillés; tout ce mouvement de la métropole orientale est rendu avec la plus pittoresque exactitude.

Ce tableau a fait partie du Salon de 1861, et a été gravé dans l'ouvrage le *Tour du Monde*.

Acquis par la Commission du Musée.

Toile. — Haut., 1m60. — Larg., 1m90.

MARCHAL (CHARLES).

27. — Peine perdue.

Une vieille femme cherche à corrompre une jeune ouvrière : elle lui tend une lettre et lui montre en même temps un bijou ; mais la jeune fille détourne les yeux et se remet avec application à son ouvrage.

Ce tableau a été exposé au Salon de 1860, et gravé dans le *Monde illustré*.

Donné par l'État.

Toile. — Haut., 0m85. — Larg., 0m75.

JOANNIN (G.), né à Lyon.

28. — La Mare, paysage avec figures.

Une mare ombragée, à gauche, par de grands massifs

d'arbres, à droite et au fond une clairière éclairée par le soleil.

Ce tableau faisait partie du Salon de 1861.

Il a été acquis par la Commission du Musée.

Toile. — Haut., 0^m55. — Larg., 0^m87.

CASEY (Daniel), né à Bordeaux.

29. — Cruautés des Thurings de l'armée d'Attila (ve siècle).

L'artiste a emprunté ce cruel épisode aux *Études historiques* (mœurs des Barbares) de M. le vicomte de Chateaubriand. Laissons parler l'illustre écrivain :

« Les Thurings qui servaient dans l'armée d'Attila
» exercèrent, en se retirant à travers le pays des Franks,
» des cruautés inouïes : se ruant sur nos pères, ils leur
» ravirent tout...; ils firent mourir plus de deux cents
» jeunes filles d'une mort cruelle : les unes furent attachées
» à des chevaux qui, pressés d'un aiguillon acéré, les mirent
» en pièces; les autres furent étendues sur les ornières des
» chemins, et clouées en terre avec des pieux : des
» charrettes chargées passèrent sur elles; leurs os furent
» brisés, et on les donna en pâture aux corbeaux et aux
» chiens. »

Ce tableau, exposé au Salon de 1859, avait été donné par l'auteur à M. Charles Labor, qui en a fait don au Musée.

Toile. — Haut., 2^m40. — Larg., 3^m27.

CASTIGLIONE (Bennedetti), né à Gênes en 1616, mort à Mantoue en 1670.

30. — Nature morte : Gibier et armes de chasse.

C'est une des rares natures mortes produites par ce peintre, plus particulièrement connu par ses scènes de vendange.

Donné par la Société archéologique.

Toile. — Haut., 0^m80. — Larg., 1^m00.

Auteur inconnu (École du Guerchin).

31. — Gabrielle de Vergy, dame de Fagel, pleurant sur le cœur de Raoul, châtelain de Coucy, son amant.

On dit que Raoul, avant de rendre le dernier soupir, chargea son écuyer de porter, après sa mort, son cœur à la dame qu'il aimait. L'écuyer, arrivé en France, se mit en devoir d'exécuter les dernières volontés de son maître, mais il fut surpris par l'époux. Celui-ci prit le cœur, et, usant de subterfuge, le fit manger à sa femme qui, instruite plus tard, se laissa mourir de faim.

Ce tableau, dont tout le bas a été repeint, a été donné par M. de Valory, de Tarascon.

Toile ovale. — Haut., 0^m50. — Larg., 0^m80.

COUSTOU, né à Montpellier. Sa famille était originaire de Caux, près Pézenas, et,

par conséquent, alliée à celle de notre illustre sculpteur Coustou.

32 à 35. — Quatre dessus de porte, représentant la Sculpture, la Peinture, l'Architecture et la Musique.

Ces tableaux ont été donnés par M. Henri-Bernard de Nattes, fondateur du Musée.

Toile. — Haut., 1m70. — Larg., 1m37.

MIQUEL (FRANÇOIS), né à Béziers.

36. — Halte de Gitanos sur une grande route, paysage des environs de Montpellier.

Ce tableau a été donné par l'auteur, fondateur du Musée.

Toile. — Haut., 1m08. — Larg., 1m30.

MIGNARD (NICOLAS), né à Troyes en 1608, mort à Paris en 1695.

37. — Le Christ au roseau (copie).

L'original de ce tableau appartient au Musée de Toulouse.

Cette copie a été peinte par M. Roudès, de Béziers, qui en a fait don au Musée.

Toile. — Haut., 1m15. — Larg., 0m90.

PERROT (ADOLPHE), né à Nîmes.

38. — Une Bacchante assise; elle tend à manger à un chien.

Ce tableau a été acquis par la Commission du Musée.

Toile. — Haut., 0ᵐ45. — Larg., 0ᵐ40.

Même auteur.

39. — Paysage avec figures. — Effet d'automne.

Donné par l'auteur, fondateur du Musée.

Toile. — Haut., 1ᵐ60. — Larg., 0ᵐ80.

LABOR (CHARLES), né à Béziers.

40. — Paysage avec figures. Sur le premier plan, un troupeau de canards.

Donné par l'auteur.

Haut., 0ᵐ30. — Largeur, 0ᵐ45.

Auteur inconnu.

41. — Portrait de Louis XIV (copie fort médiocre), d'aprés Hyacinthe Rigaud.

Haut.,   . — Larg.,   .

Auteur inconnu.

42. — Portrait de Jean - Baptiste de Gonet,

R. Dominicain et théologien distingué, né à Béziers en 1616, mort dans la même ville en 1681.

Ce portrait n'a d'autre intérêt que d'avoir été peint d'après nature.

Toile. — Haut., 0m80. — Larg., 0m70.

PAUL, peintre de marine.

43. — Évasion de Jean-Bart des prisons d'Angleterre. — Effet de lune.

Donné par Mlle Paul, sœur de l'auteur.

Toile. — Haut., 0m72. — Larg., 1m10.

Auteur inconnu.

44. — Sainte Madeleine.

Bois. — Haut., 0m20. — Larg., 0m16.

TROY (François de), né à Toulouse en 1645, mort à Paris en 1730.

45. — Sainte Famille.

Donné par la Société archéologique.

Toile. — Haut., 0m81. — Larg., 0m70.

FRACANZANI (François), élève de Ribera, né en Italie au commencement du xviie siècle.

Cet artiste célèbre ayant été condamné à périr sur un gibet, obtint, par honneur pour sa profession et son talent, de mourir par le poison dans le lieu où il était détenu.

46. — Une Fileuse espagnole.

Acquis par la Commission du Musée.

Bois. — Haut., 0ᵐ52. — Larg., 0ᵐ70.

VIEN (Joseph-Marie), né à Montpellier en 1716, mort en 1809 à Paris. Directeur de l'École de Rome de 1771 à 1780.

47. — Samson après la bataille de Leschi.

Il s'endort, fatigué, et tenant encore la mâchoire d'âne avec laquelle il vient de combattre et de mettre en fuite mille Philistins.

Donné par M. Moulins, membre fondateur du Musée.

Bois. — Haut,, 0ᵐ40. — Larg., 0ᵐ41.

VEYRASSAT (Jules-Jacques), né à Paris.

48. — Les Cascarottes au lavoir. — Vue prise entre le Boucau et Saint-Esprit, près Bayonne.

On donne le nom de Cascarottes, dans le pays Basque, aux femmes qui portent habituellement la marée dans les villages.

Ce tableau a été le premier don fait au Musée par la Société des Amis des Arts, fondée à Béziers en 1863. Il a été exposé au Salon de la même année.

Toile. — Haut., 0ᵐ68. — Larg., 1ᵐ16.

BESSON (Faustin), né à Dôle.

49. — Jocelyn.

Jocelyn, pour faciliter le mariage de sa sœur, renonce à son patrimoine et se résout à entrer dans les ordres ecclésiastiques.

L'artiste s'est inspiré des vers suivants :

Comme tout trahissait leur vague enchantement,
Ces soupirs, ces regards qui plongeaient l'un dans l'autre,
Cette langue sans mots qui surpassait la nôtre,
Cette marche indolente ou le pas arrêté
Comme accablé du poids de leur félicité,
Cette fuite du monde et ce besoin d'eux-mêmes,
Cette joie de nommer vingt fois le nom qu'on aime.
Tout leur réalisait ce rêve de l'amour
Qu'on fait toute sa vie et qu'on savoure un jour ;
Et moi, seul et rêveur, glissant sans qu'on me voie,
Du regard et du cœur je poursuivais leur joie.

. . . .

Du bonheur des amants goûtant au moins l'image,
Dans leur félicité j'adorais mon ouvrage,
Et je disais tout bas dans mon cœur satisfait :
« Ce bonheur est à moi, car c'est moi qui l'ai fait. »

Ce tableau faisait partie du Salon de 1848; le journal l'*Artiste* en a publié, en 1859, une gravure due au burin de Lefman. Cette gravure est exposée dans la salle des dessins.

Donné au Musée par MM. Heirisson frères, membres fondateurs du Musée.

Toile. — Haut., 0^m75. — Larg., 0^m60.

DIAZ (Narcisse).

50. — Paysage avez figures.

Sur le devant, trois femmes assises forment un groupe

qui se détache vigoureusement sur l'eau ; auprès d'elles, un chien couché dans l'herbe ; à droite, des rochers dominés par un bouquet d'arbres dorés par le soleil ; au fond, un groupe de baigneuses.

Acquis par la Commission du Musée.

Toile. — Haut., 0m42. — Larg., 0m65.

GLAIZE (AUGUSTE), né à Montpellier.

51. — Les Amours à l'encan.

Nous sommes transportés dans les domaines de la fantaisie, en plein règne de l'idéal. L'artiste nous introduit dans une salle où domine le style grec. Il y a *vente publique,* un cartel appendu l'annonce à tout venant. Que va-t-on vendre ? — l'Amour. Il n'y a que la Folie qui puisse se permettre une telle abomination ! Aussi la Folie est-elle là dominant la scène et criant l'enchère. L'assemblée est nombreuse, les passions humaines sont accourues : Voici tout d'abord la Luxure, sous l'enveloppe d'un vieux juif qui s'échappe en couvant sa proie ; puis l'Égoïsme engraissé, l'Égoïsme blasé, une sorte de Vitellius repu, couvert de pourpre et d'or, entouré de ses pourvoyeurs infâmes, qui examine tout d'un air insolent, et surtout un groupe charmant de jeunes filles venues là par curiosité : les imprudentes, qui osent jouer avec le feu ! Au bas du tableau, l'une d'elles a fait son emplète ; c'est une fille des champs, on le devine à son teint hâlé. Rangée, économe par caractère, et sachant que l'Amour a des ailes, elle veut le mettre en cage, et l'Amour de résister et de parlementer d'une façon charmante et gentille : point à la cage ! — Dans l'ombre, à gauche, voici une femme robuste qui en emporte une paire ; puis, tout à côté, une courtisane au teint brun, aux narines ouvertes, à l'œil ferme, au front masculin, maniant la cravache, éperonnée aussi, sans doute, attire les propos de deux barbons grisonnants. Un peu plus à droite, un groupe semblable; puis, tout au milieu, au-dessus de deux scribes impassibles penchés sur le vélin, et que de longues oreilles caractérisent d'une façon assez amusante, voici venir un jeune poëte tombé de son ciel pour prendre part à l'enchère; mais son escarcelle est vide. Qu'offre-t-il encore? une pomme. La Folie ne daigne pas se retourner. Enfin, dans le fond, appuyée contre une colonne, tout en larmes, défaillante, presque inanimée, la Misère! Elle n'est pas venue pour acheter, celle-là !

Ce tableau a fait partie du Salon de 1856.

L'*Illustration* de la même année en a publié une gravure sur bois.

Acheté par la Commission.

Toile. — Haut., 2^m86. — Larg., 4^m00.

POUSSIN (Nicolas. — École française), né aux Andelys (Normandie) en 1594, mort à Rome le 19 novembre 1665.

52. — Le Sommeil de Bacchus.

L'original avait été peint pour le cardinal de Richelieu. Il fait aujourd'hui partie du Musée britannique.

Cette copie et les deux autres dont il est fait mention ci-après, ont appartenu à M. de Saint-Simon, dernier évêque d'Agde; elles sont attribuées à Jacques Stella, contemporain et ami du Poussin.

Toile. — Haut., 1^m52. — Larg., 1^m20.

Même auteur.

53. — Le Triomphe de Bacchus (copie).

Haut., 1^{m}42. — Larg., 1^{m}51.

Même auteur.

54. — Bacchanale (copie).

L'original avait été peint pour le comte de Chiverny.

Bois. — Haut., 1^{m}42. — Larg., 1^{m}51.

Auteur inconnu.

55. — Les Personnages de la Comédie italienne.

Ce tableau et les précédents, inscrits sous les n°s 52, 53 et 54, ont été payés par la Ville aux héritiers Coste, en exécution d'un marché précédemment passé entre ces derniers et la Société archéologique.

Toile. — Haut., 1^{m}10. — Larg., 1^{m}75.

FAURÉ (LÉON), né à Toulouse.

56. — Retour du jeune Tobie.

Ce tableau a été exposé au Salon de 1864.

Il a été donné par la Société des Amis des Arts.

Toile. — Haut., 0^{m}90. — Larg., 1^{m}22.

SAINT-FRANÇOIS (Léon), né à
Clermont (Oise).

57. — Le mont Atlas. — Effet de soleil levant.

Au premier plan est campée une famille arabe nomade :
un homme dort encore, enveloppé dans son burnous ; un
autre se chauffe au feu que viennent d'allumer les femmes
qui préparent le couscoussou.

Ce tableau a été donné par l'État.

Toile. — Haut., 0m92. — Larg., 1m25.

SERDA (Émile), né à Montpellier, mort
à Béziers en 1863.

58. — Un Chemin près La Salvetat.

Étude d'après nature.
Donné par M. Charles Labor.

Haut., 0m44. — Larg., 0m54.

Même auteur.

59. — Un Four à plâtre.

Étude d'après nature.
Donné par M. Léon Fayet.

Haut., 0m18. — Larg., 0m26.

PANINI (Paul-Jean. — Attribué à),

né à Plaisance en 1691, mort à Rome en
1764. Il est connu aussi sous le nom de
JEAN-PAOLO.

60. — Ruines romaines.

Ce tableau, peint avec une grande vigueur et une science
profonde de la ligne architecturale, appartient à l'École
romaine.

Il a été donné au Musée par les Frères de la Doctrine
chrétienne, membres fondateurs du Musée.

Haut., ᵐ . — Larg., ᵐ .

ROMANELLI (FRANÇOIS), né à Viterbe en 1617, mort dans la même ville en 1662.

61. — Tête de Bacchante.

Toile. — Haut., 0ᵐ30. — Larg., 0ᵐ25.

TRAYER (JEAN-BAPTISTE-JULES), de Paris.

62. — Les Cueilleuses de Moules du Pollet, à Dieppe.

Ce tableau a été exposé au Salon de 1864.
Il a été accordé au Musée par l'État, le 15 août 1865.

Toile. — Haut., 0ᵐ85. — Larg., 1ᵐ25.

BISCAYE (CHARLES), de Béziers.

63. — Le Printemps. — Effet de matin.

> Ce tableau a été exposé au Salon de 1863.
> Donné par l'auteur, membre fondateur du Musée.

> Toile. — Haut., 0m80. — Larg., 1m00.

FAYET (LÉON), de Béziers.

64. — Une Ferme sous bois.

> Ce tableau a été exposé au Salon de 1865.
> Donné par l'auteur, membre fondateur du Musée.

> Toile. — Haut., 0m82. — Larg., 1m25.

FAYET (GABRIEL), de Béziers.

65. — Bords de l'Agout.

> Ce tableau a été exposé au Salon de 1865.
> Donné par l'auteur, membre fondateur du Musée.

> Toile. — Haut., 0m84. — Larg., 1m25.

COUTURE (THOMAS), né à Senlis (Oise).

66. — La Soif de l'or.

> Copie par M. Joseph Sylvestre, de Béziers. L'original appartient au Musée de Toulouse.
> Don de l'auteur.

> Toile. — Haut., 2m00. — Larg., 2m50.

LABOR (Charles), né à Béziers.

67. — La Place-Couverte, à Béziers, au moment de la démolition de la Halle en 1865. Projet d'un tableau qui a fait partie du Salon de 1872.

Don de l'auteur.

Toile. — Haut., 0m66. — Larg., 0m40.

CABANEL (Alexandre), né à Montpellier, membre de l'Institut.

68. — Une Druidesse.

Elle est assise au pied d'un arbre ; l'ombre des bois l'enveloppe de ses teintes grises ; sa tête est couronnée de chêne et son voile pendant sur l'épaule ; ses bras sont nus et ses mains se croisent sur le gazon ; sa tête est légèrement penchée en avant, et son regard semble sonder un horizon inconnu. Mais laissons parler M. A. Baluffe ; il n'appartient qu'au poète de traduire l'émotion causée par cette poétique création :

LA DRUIDESSE

La tunique à demi défaite, les bras nus,
Laissant couler à flots sa chevelure rousse,
Elle est au fond d'un bois, à l'ombre, et sur la mousse,
L'œil fixe, regardant des lointains inconnus.

Pâle, sombre, elle est là, car les temps sont venus
Où la vierge maudit ses vœux et les repousse,
Et ses flancs, révoltés par l'instinct qui les pousse,
Sont en proie aux désirs fiévreux — trop contenus.

On a mis sur son front la couronne de chêne,
Son culte lui défend toute tendresse humaine :
Nul ne peut l'appeler son amante ou sa sœur ;

Et d'un cruel devoir morne et fatale esclave,
Elle en meurt, avec un sourire amer et grave,
Aimant... et d'être aimée ignorant la douceur !

Acheté par la Commission à l'Exposition de la Société artistique de l'Hérault, en 1870.

Toile. — Haut., 1ᵐ25. — Larg., 0ᵐ80.

DAUBIGNY (CHARLES-FRANÇOIS), né à Paris.

69. — Bords de l'Oise.

Sur le second plan, au fond, un bouquet d'arbres se détachant vigoureusement sur un ciel gris ; à gauche, un troupeau de vaches entrant dans l'eau ; à droite, une ferme et un bateau amarré au rivage.

Acheté par la Commission.

Bois. — Haut., 0ᵐ45. — Larg., 0ᵐ73.

ROUSSEAU (THÉODORE), né à Paris.

70. — Une Allée d'arbres se prolongeant à gauche.

Un village dans le fond. Dans la plaine lumineuse, un attelage de laboureur ; sur le second plan, une bergère assise ; sur le devant, un terrain dans l'ombre, avec flaques d'eau et joncs.

Acheté par la Commission.

Bois. — Haut,, 0ᵐ25. — Larg., 0ᵐ50.

ISABEY (Louis-Gabriel-Eugène),
né à Paris.

71. — Bateaux pêcheurs sur la Manche, ballottés par un mer houleuse. Au fond, une éclaircie.

Acheté par la Commission.

Toile. — Haut., 0^{m}35. — Larg., 0^{m}50.

Maître inconnu (École hollandaise).

72. — Marine.

Acheté par la Commission.

Toile. — Haut., 0^{m}80. — Larg., 1^{m}00.

COROT (Jean-Baptiste), né à Paris.

73. — Vue prise en Hollande.

Sur le devant, un étang couvert de plantes marécageuses, où paissent des vaches disséminées ; au second plan, un bouquet de saules et une barque ; au fond, une fabrique vivement éclairée.

Acheté par la Commission.

Toile. — Haut., 0^{m}40. — Larg., 0^{m}65.

APPIAN (ADOLPHE), né à Lyon.

74. — Un coin du Moulin de Très-Pont (Ain).

Exposition de la Société artistique de l'Hérault (1869).
Acheté par la Commission.

Toile. — Haut., 0m45. — Larg., 0m65.

DORCY.

75. — Tête de Jeune Fille.

Acheté par la Commission.

Toile. — Haut., 0m45. — Larg., 0m35.

JACQUE (CHARLES-ÉMILE), né à Paris.

76. — Une Basse-Cour.

Poules et coqs de diverses espèces à la picorée sur un fumier.
Acheté par la Commission.

Bois. — Haut., 0m80. — Larg., 1m10.

DARGENT (YAN'), né à Saint-Servais (Finistère).

77. — La roche Maurice, le soir.

Ce tableau a figuré au Salon de 1868.
Don de l'État.

Toile. — Haut., 1m80. — Larg., 2m30.

JULES ROMAIN (Julio-Pippi, dit), né à Rome en 1492. — Il fut l'élève préféré de Raphaël.

78. — Sainte-Famille, d'après Raphaël.

L'original de ce tableau appartient au Musée de Madrid. Acheté par la Commission.

Toile. — Haut., 1ᵐ40. — Larg., 1ᵐ00.

GAMBOGI (Émile), né à Naples.

79. — Paysanne italienne portant un fagot.

Exposition de la Société artistique de l'Hérault de 1869. Don de cette Société.

Toile. — Haut., 0ᵐ65. — Larg., 0ᵐ50.

FRANCIA (Attribué à).

80. — Saint François en extase.

Acheté par la Commission.

Bois. — Haut., 0ᵐ60. — Larg., 0ᵐ45.

HUGARD (Claude-Sébastien), né à

Cluses (Haute-Savoie). — École genevoise moderne.

81. — Le point du jour sur l'Aiguille du Gers.

Ce tableau faisait partie du Salon de 1869.
Don de l'État.

Toile. — Haut., 1m60. — Larg., 2m50.

PONSON (Raphael), né à Marseille.

82. — Les Rochers de Bandol.

Effet de matin très-lumineux. Dans le fond, à droite, un groupe de bateaux.
Exposition de la Société artistique de l'Hérault (1870).
Acheté par la Commission.

Toile. — Haut., 0m95. — Larg., 1m80.

LAMBRECHTZ (Henrik).

83. — Intérieur d'une taverne flamande.

Acheté par la Commission.

Toile. — Haut., 0m38. — Larg., 0m29.

LEPOITTEVIN (Eugène), né à Paris.

84. — Sauvetage d'épaves. Souvenir de Hollande.

Ce tableau a figuré au Salon de 1867.
Don de l'État.

Toile. — Haut., 0m70. — Larg., 1m50.

TRINQUIER (ANTONIN), né au Vigan (Gard).

85. — Un Dessert, fruits.

Exposition de la Société artistique de l'Hérault (1870).

Toile. — Haut., 0m45. — Larg., 0m55.

RÉGIS (AUGUSTIN), né à Béziers.

86. — Portrait de M. Jacques Azaïs, fondateur de la Société archéologique de Béziers.

Don de cette Société.

Toile. — Haut., 0m70. — Larg., 0m55.

LABORNE (EDME-ÉMILE), né à Paris.

87. — Une rue de Vitré (Ille-et-Vilaine).

Exposition de la Société artistique de l'Hérault (1870).
Don de cette Société.

Toile. — Haut., 0m55. — Larg., 0m55.

BEAUMES (AMÉDÉE).

88. — Jeune fille cueillant des roses.

Acheté par la Commission.

Toile. — Haut., 0m80. — Larg., 0m50.

GLAIZE (Auguste), né à Montpellier.

89. — Monna Belcolore.

Elle apporte une couronne d'immortelles sur le cercueil de Frank, qu'elle croit mort. Frank, en habit de moine près du cercueil vide, remet son masque en la regardant venir.

> « C'est bien elle ; elle approche, elle vient, la voilà ;
> » Voilà bien ce beau corps, cette épaule charnue,
> » Cette gorge superbe et toujours demi-nue ;
> » Sous ces cheveux plaqués ce front stupide et fier,
> » Avec ses deux grands yeux qui sont d'un noir d'enfer.
>
> . . . .
>
> » Deux anges destructeurs marchent à son côté,
> » Doux et cruels tous deux : la Mort, la Volupté. »

(ALFRED DE MUSSET. — La Coupe et les Lèvres.)

Ce tableau a figuré au Salon de 1866.

Don de l'État.

Toile. — Haut., 2^m50. — Larg., 1^m80.

OLIVE (Jean-Baptiste), né à Marseille.

90. — Fruits et Vases divers.

Exposition de la Société artistique de l'Hérault de 1872.
Don de cette Société.

Toile. — Haut., 1^m25. — Larg., 0^m90.

DEMOISELET et HUILLIOT.
— École française de la fin du xviiie siècle.

91. — L'Été.

Allégorie qui ornait une petite salle à manger placée dans

le pavillon de Flore, au palais dés Tuileries, et qui a été enlevée en 1866, au moment de la restauration de ce pavillon.

Don de l'État.

Toile. — Haut., 1ᵐ60. — Larg., 1ᵐ00.

Mêmes auteurs.

92. — L'Automne.

Même origine que le précédent.

BOUCHER (François), né en 1703 à Paris, mort en 1770.

93. — Esquisse : Composition allégorique de l'Été.

Don de l'État.

Bois. — Haut., 0ᵐ45.

CASANOVA (François), né à Londres en 1727, de parents vénitiens, mort à Brülh, près Vienne, en 1805.

94. — Paysage avec animaux.

Ce peintre n'est connu que par ses tableaux de bataille. Cette calme et riante nature contraste avec ses compositions habituelles.

Don de l'État.

Toile. — Haut., 0ᵐ55. — Larg., 0ᵐ50.

École française.

95. — Portrait de la marquise de Montespan.

Don de l'État.

Toile. — Haut., 1ᵐ20. — Larg., 1ᵐ00.

École flamande.

96. — Portrait de Jeune Homme.

Ce tableau n'est pas signé, mais l'artiste a seulement indiqué sur le fond que le modèle dont il venait de reproduire les traits n'était âgé que de 19 ans, et qu'il avait été peint en l'année 1651.

Donné par l'État.

Bois. — Haut., 1ᵐ00. — Larg., 0ᵐ45.

École française (xviiie siècle).

97. — Portrait de la comtesse de Charolais en costume de moine.

Ce portrait a eu une certaine célébrité au moment où il a été peint. Voltaire en parle dans ses *Mémoires*.

Don de l'État.

Toile. — Haut., 0ᵐ60. — Larg., 0ᵐ45.

École vénitienne.

98. — Portrait de Jeune Fille.

Cette toile a beaucoup souffert ; la tête a subi de nombreuses retouches. Les parties demeurées plus nettes laissent soupçonner la manière et la touche de Paul Véronèse.

Don de l'État.

Toile. — Haut., 1ᵐ20. — Larg., 0ᵐ50.

École du Corrège.

99. — La Madone et l'Enfant Jésus.

Don de l'État.

Toile. — Haut., 0ᵐ20. — Larg., 0ᵐ50.

GOYET (Eugène).

100. — Le Massacre des Innocents.

Ce tableau avait été donné par l'État au Musée de Montpellier, qui l'a cédé en 1874 au Musée de Béziers.

Toile. — Haut., 5ᵐ15. — Larg., 6ᵐ00.

BURCH (Jacques-Hippolyte Van der).

101. — Chasseur terrassant un ours.

Cette toile a beaucoup souffert; elle a été donnée par l'État.

Toile. — Haut., 4ᵐ50. — Larg., 2ᵐ50.

École italienne.

102. — Port d'Italie, avec figures et fabriques.

Donné par l'État.

Toile. — Haut., 0ᵐ85. — Largeur, 1ᵐ00.

Même École.

103. —— Fleurs et Fruits.

Donné par l'État.

Toile. — Haut., 0^m50. — Larg., 0^m60.

École italienne (xvᵉ siècle).

104. — Sainte Madeleine et sainte Dorothée.

Don de l'État.

Bois. — Haut., 0^m20. — Larg., 0^m40.

BLAIN DE FONTENAY. —
École française.

105. — Fleurs et Vases.

Cette toile, de même que celle qui porte le numéro 106, paraît avoir été détachée d'un panneau décoratif.

Don de l'État.

Toile. — Haut., 0^m40. — Larg., 0^m60.

Même auteur.

106. — Même sujet et même origine.

Auteur inconnu (École hollandaise).

107. — Portrait d'homme, avec col plissé et pour-

point chamois, garni d'une sorte de capuchon en soie noire.

Don de l'État.

Toile. — Haut., 0^{m}40. — Larg., 0^{m}50.

École flamande.

108. — Intérieur de taverne.

Ce tableau, presque entièrement couvert de retouches maladroites, ne permet pas de déterminer une attribution.

Donné par M. Mathon.

Bois. — Haut., 0^{m}30. — Larg., 0^{m}40.

École française moderne.

109. — Une Femme éclairée par une bougie allumée qu'elle tient à la main. Un enfant est auprès d'elle.

Don de la Société archéologique.

Toile. — Haut., 0^{m}82. — Larg., 1^{m}25.

TABAR (GERMAIN-LÉOPOLD), né à Paris, mort à Paris en 1869.

110. — Un soir à Venise.

Au fond, la ville de Venise éclairée par la lune ; sur le

devant, une gondole chargée de promeneurs et de musiciens.

Ce tableau faisait partie du Salon de 1867.

Don de l'État.

Toile. — Haut., 0^m70. — Larg., 1^m15.

GIDE (THÉOPHILE), né à Paris.

110. — Une Ambulance au couvent de Cimiès, à Nice.

Quelques soldats blessés sont groupés dans le cloître. Dans le groupe de droite, un zouave, la tête enveloppée de bandages, semble se livrer à un long et émouvant récit; à gauche, les arcades ouvertes laissent apercevoir la cour du couvent. Au fond, des franciscains causent avec des soldats, dont l'un se traîne péniblement à l'aide de béquilles.

Ce tableau a figuré au Salon de 1872.

Don de l'État.

Toile. — Haut., 0^m60. — Larg., 0^m45.

BERNIER (CAMILLE), né à Colmar (Alsace).

112. — L'Étang.

Cette toile nous apporte ici, sur un sol brûlé par le soleil, toute la fraîcheur des prairies bretonnes. Ce n'est peut-être que l'étude exacte et consciencieuse d'un simple marécage de Bannalec, contrée habitée par l'artiste, mais l'interprétation en est si intelligente, et même si poétique, qu'elle en fait un site plein de charmes. *L'Illustration,* qui a gravé ce tableau

dans son compte-rendu du Salon de 1874, le décrivait ainsi :
« C'est l'heure de midi, le soleil rayonne, tout dans la nature
» est calme et semble chercher le repos ; les chevaux que
» nous apercevons à gauche se sont réfugiés à l'ombre, seul
» leur camarade abaisse encore la tête sur le gazon de la
» prairie ; c'est bien le paysage silencieux de la Bretagne,
» avec ses fonds d'un vert clair et ses muets horizons, où
» l'on entrevoit des vaches qui pataugent dans l'eau.

» Il se dégage de tout cet aspect une impression de
» profonde tranquillité qui repose doucement la pensée. »

Cette toile a figuré au Salon de 1874. Don de l'auteur,
membre fondateur du Musée.

Toile. — Haut., 0^m90. — Larg., 1^m80.

PALIZZI (Joseph), né à Naples (Italie).

115. — Buffles dans la campagne de Pœstum.

Une plaine muette, désolée, trouée par les flaques vertes
d'une eau stagnante, et assombrie encore par un épais
brouillard qui s'accroche lourdement aux montagnes de
l'horizon et intercepte les rayons du ciel. Çà et là quelques
temples en ruine !... Telle est la scène lugubre sur laquelle
apparaît un nombreux troupeau de buffles en marche,
aiguillonnés par un homme à cheval. — Rien de plus triste,
de plus vrai et de plus émouvant que cette toile, qui semble
exhaler de partout l'air empesté de la *mal'aria*. C'est, certes,
une des meilleures compositions du maître. Elle a figuré au
Salon de 1875.

Acquis par la Commission du Musée.

Toile. — Haut., 0^m82. — Larg., 1^m30.

Auteur inconnu (École française moderne).

114. — Tête de vieillard (étude).

Don de la Société archéologique.

Toile. — Haut., 0^m30. — Larg., 0^m40.

ALHEIM (Jean d'), né à Sewsk (Russie).

115. — Pins maritimes à Antibes.

Sans chercher à voir dans ce paysage autre chose que ce
que l'auteur a voulu y mettre, on peut avouer que sa vue
parle à l'imagination et à l'âme à la fois. Ces pins, impéné-
trables aux lueurs du couchant, ont un air de calme et sévère
orgueil qui repousse l'importunité du jour. La nuit leur plaît,
ils l'aiment; elle semble correspondre à un besoin de leur
mystérieuse existence.

> Ces grands pins, vieux comme le monde,
> Dans leurs éternels rameaux verts,
> De la nuit morne des hivers
> Gardent la tristesse profonde.
>
> La joyeuse lumière blonde
> Veut en vain filtrer à travers
> Leurs fronts noirs, ils ne sont ouverts
> Qu'à l'orage qui les féconde !
>
> Comme des cœurs pleins de soupçons
> Pourquoi sont-ils sourds aux chansons
> Du rossignol au clair de lune ?
>
> Rien, brise, oiseau, rayon, ciel bleu,
> Non, rien ne les déride ; — à Dieu
> Garderaient-ils quelque rancune ?

A. BALUFFE.

Ce tableau a figuré au Salon de 1874. — Don de l'auteur,
membre fondateur du Musée.

Toile. — Haut., 1^m90. — Larg., 2^m50.

RÉGNIER (ANTONY).

116. — Le Rêve du Barde.

Ce barde n'est plus jeune. Sa barbe grisonnante tombe sur son sein nu. Il se soulève à demi du tertre sur lequel il vient de rêver et voudrait ressaisir le bonheur qui s'en va, personnifié par un charmant groupe qui se perd dans l'azur du fond. La lyre s'échappe de ses mains, l'heure de chanter l'amour est passée, mais il la ramassera peut-être plus tard pour chanter la patrie et Dieu.

Cette toile a figuré au Salon de 1870. Elle a été donnée par l'auteur, membre fondateur du Musée.

Toile. — Haut., 1^m10. — Larg., 1^m70.

PONSON (RAPHAEL).

117. — La Calangue de Port-Pin, près Cassis.

Sur une immense falaise, dont les rochers aux stratifications calcaires sont savamment étudiés, l'artiste a jeté des flots de lumière. Seuls, quelques pins rabougris se tordent sur ce sol embrasé, et tachent de leur ombre cette éclatante surface. La mer, que le contraste des rochers si vivement éclairés fait paraître sombre, clapote sous le souffle d'une brise légère. Deux pêcheurs animent seuls cette vaste solitude.

Don de l'auteur, membre fondateur du Musée.

Toile. — Haut., 1^m80. — Larg., 2^m20.

PONSON (AIMÉ), né à Marseille.

118. — Nature morte (vieux bouquins).

Cette étude, d'une très-grande vigueur de coloris, a été donnée par l'auteur, membre fondateur du Musée.

COQUAND (PAUL), né à Marseille.

119. — Après la pluie, paysage.

De vieilles chaumières aux toits aigus, tapissées de fleurs et de mousse. Un ciel qui se rassénère après avoir tout abreuvé d'une ondée, qui a constellé le sol de flaques d'eau où barbottent à l'envi des canards. Puis, plus loin, des poules picorent. Partout une végétation vigoureuse qui secoue les dernières perles de l'orage. Tel est ce charmant paysage où tout vit, grouille et verdoie, où tout semble heureux.

Donné par l'auteur, membre fondateur du Musée.

Toile. — Haut., 0^{m}50. — Larg., 1^{m}00.

PELLET (JOSEPH), né à Béziers.

120. — Le Bouquet au Pétunia blanc.

Toile ovale. — Haut., 0^{m}45. — Larg., 0^{m}37.

Même auteur.

121. — Une vieille Vache couchée, étude.

Bois. — Haut., 0^{m}15. — Larg., 0^{m}26.

Même auteur.

122. — Le Lez sous Castelnau, paysage.

Bois. — Haut., 0ᵐ17. — Larg., 0ᵐ12.

Ces trois tableaux, très-finement, très-consciencieusement peints, et d'une grande solidité de couleur, ont été donnés par l'auteur, membre fondateur du Musée.

ALMÈS (Paulin).

123. — Une lisière de forêt près Valenciennes (Nord).

Ce paysage, ou plutôt cette étude si consciencieuse et si vraie, a été donnée par l'auteur, membre fondateur du Musée.

Toile. — Haut., 0ᵐ45. — Larg., 0ᵐ55.

GUINDON (Marius), né à Marseille.

124. — Bergers dans la campagne de Rome.

Don de l'auteur, membre fondateur du Musée.

Toile. — Haut., 0ᵐ80. — Larg., 0ᵐ55.

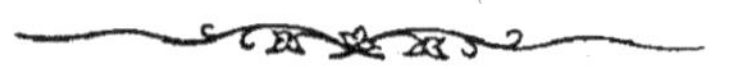

DESSINS, AQUARELLES

GRAVURES, LITHOGRAPHIES

ET ÉMAUX

BOCANEGRA (Pierre-Athanase),
né à Grenade (Espagne), mort en 1688.
Élève d'Alonzo de Cano, a souvent imité
Van Dyck.

1. — Martyre de sainte Suzanne.

Dessin à la plume teinté de sépia.
Don de M. Louis de Portalon.

SAMUEL (Frère de la Doctrine chrétienne).

2. — Fra Angelico peignant, aidé par les Anges.

Imitation des manuscrits du Moyen-Age.
Don de l'auteur, membre fondateur du Musée.

NATOIRE (Antoine), né à Nîmes en
1700, mort en Italie en 1771.

Cet artiste a été longtemps directeur de
l'Académie de France à Rome; son principal

mérite consistait dans la correction du dessin, et l'on a dit qu'il le possédait à un degré plus éminent sur le papier que sur la toile.

3. — Figure d'un Jeune Homme en pied.

Esquisse au crayon relevée par quelques touches de blanc. Elle a dû servir à l'exécution d'un tableau.

Don de M. Charles Labor.

VIEN (Joseph-Marie).

Vien était élève de Natoire, à qui il succéda dans la direction de l'Académie de France à Rome, en 1771.

4. — Vieillard assis.

Crayon noir.

Même auteur.

5. — Un Ange.

Esquisse à la sanguine, relevée par quelques touches de crayon blanc.

Ces deux dessins ont été achetés à Paris, à l'Hôtel des Ventes, après le décès de l'artiste, par M. Reboul-Coste, membre fondateur, qui en a fait don au Musée.

GAMELIN (Jacques), né à Carcassonne en 1735, mort à Lyon en 1803.

6. — Deux Femmes assises.

Aquarelle.
Don de MM. Heirisson frères.

FAYET (Léon), de Béziers.

7. — Paysage.

Fusain. — Esquisse d'un tableau exposé au Salon de 1864.
Don de l'auteur.

FAYET (Gabriel), de Béziers.

8. — Paysage.

Crayon noir. — Don de l'auteur.

BISCAYE (Charles), de Béziers.

9. — Paysage.

Fusain. — Don de l'auteur.

LATOUR (Joseph), de Toulouse.

10. — Vue prise à Elché, royaume de Valence (Espagne).

Dessin à la mine de plomb, relevé de blanc.
Don de M. Louis Noguier.

RÉGIS (Augustin), de Béziers.

11. — Groupe de Chevaux morts.

Aquarelle. — Étude faite à Montfaucon, près Paris.
Don de MM. Heirisson frères, membres fondateurs.

THUILLIER (Pierre).

12. — Vue prise à Amalfi, près Naples.

Dessin à la mine de plomb, relevé de quelques touches de blanc au pinceau.
Don de MM. Heirisson frères.

LABOR (Charles), de Béziers.

13. — Paysage. Étude de chênes.

Fusain.

Même auteur.

14. — Le pont Siomo-Sierra (Espagne).

Fusain. — Esquisse qui a servi à l'exécution d'un tableau exposé au Salon de 1864.
Ces deux dessins ont été donnés par l'auteur.

SERDA (ÉMILE).

15. — Vue prise à Quimper (Bretagne).

Ce dessin faisait partie de l'Album lithographié par Tirpenne, d'après Serda, qui a été publié sous le titre de *Voyage en Bretagne.*

Don de Mme Serda.

LEFMAN (FERDINAND).

16. — Jocelyn.

Gravure d'après le tableau de M. Faustin Besson, appartenant au Musée. — Voir le n° 49 (Peinture).

ADAM (VICTOR).

17. — Inauguration de la statue de Paul Riquet.

Lithographie, d'après un croquis de M. François Miquel.

LEROUX (J.-M.)

18. — Fronton du Panthéon.

Gravure au burin. Épreuve d'artiste donnée par M. David (d'Angers) à la Société archéologique.

Auteur inconnu.

19. — Statue de Paul Riquet.

Aquarelle.

ANTONIO.

20. — Intérieur de l'église Saint-Aphrodise.

Gouache.

Auteur inconnu.

21. — La Vierge.

Émail.

Auteur inconnu.

22. — La Résurrection du Christ.

Émail.

Auteur inconnu.

23. — Saint Claude.

Émail.

Auteur inconnu.

24. — Visite de saint Jean à la Vierge.

Émail.

Ces quatre émaux ont été donnés par la Société archéologique.

LAURENS (J.-B.), de Montpellier.

25. — Vue de Saint-Guilhem-le-Désert.

Mine de plomb relevée de blanc.

Don de M. Étienne de Cassagne.

RÉVOIL (P.), ancien Directeur de l'Académie des Beaux-Arts de Lyon.

26. — François Ier. (Esquisse.)

Don de M. H. Révoil.

Même auteur.

27. — Première pensée d'un tableau.

Don de M. H. Révoil.

RÉVOIL (H.), architecte diocésain à Marseille.

28. — Le Portail de Saint-Gilles.

Don de l'auteur, membre fondateur du Musée.

RÉGNIER (ANTONY).

29. — Le premier pas dans l'eau.

Ce dessin a servi à la composition du tableau portant le même titre, que l'artiste a exposé au Salon de 1869.

Don de l'auteur.

PALIZZI (JOSEPH).

30. — Moutons dans les montagnes des Abruzzes.

Fusain rehaussé.

Don de l'auteur, membre fondateur du Musée.

SCULPTURE, ARCHITECTURE

———o◦o❀o◦o———

DAVID (d'Angers), membre de l'Institut, né à Angers, mort à Paris.

1. — Maquette de la statue en bronze de Paul Riquet.

La statue a été érigée en 1838, sur la place de la Citadelle, par la Société archéologique. Ceci est la première pensée de l'artiste, adressée par lui à la Société en 1836.

Même auteur.

2. — Tête de la statue de Paul Riquet (grandeur d'exécution).

Ce plâtre a servi au moulage de la statue en bronze.

Même auteur.

3. — Tête de Jacques Vanière.

Plâtre qui a servi à l'exécution du buste en marbre.

Même auteur.

4. — Buste en marbre de Jacques Vanière.

Ce buste, donné par la Société archéologique, a été placé provisoirement sur la colonne en marbre du vestibule de la Mairie.

LAPRET.

5. — Fleur de lilas.

Terre cuite.

Même auteur.

6. — Branche de laurier en fleur.

Terre cuite.

HARDOUIN, sculpteur.

7. — Modèle en plâtre qui a servi à la construction du théâtre de Béziers.

Il a été fait d'après les dessins et plans de M. Isabelle, architecte, membre de l'Institut.

Auteur inconnu.

8. — Hercule combattant les Centaures.

Groupe en terre cuite. — Don de M. Rigal.

OLIVA (Alexandre-Joseph), né à Saillagouse (Pyrénées-Orientales).

9. — Statuette de M. l'abbé Deguerry.

Don de l'auteur.

Même auteur.

10. — Buste de Pélisson (marbre).

INJALBERT (Antonin), né à Béziers, grand prix de Rome au concours de 1874.

11. — Jeune Homme assis.

Médaillé au concours de l'École des Beaux-Arts.
Don de l'auteur, membre fondateur.

Même auteur.

12. — Tête de vieillard, étude (plâtre).

Don de l'auteur.

MOULIN (Hippolyte), né à Paris.

13. — Enlèvement de Ganymède.

Groupe en marbre qui a figuré au Salon de 1870.
Don de l'État.

VASES GRECS, ANTIQUITÉS DIVERSES

Le nombre de vases grecs, de toutes formes et de toutes dimensions, s'élève au chiffre de 162, provenant de fouilles faites à Délos en 1829. La plupart ont été découverts dans des tombeaux, ce qui explique leur état de conservation. La collection a été acquise à Athènes, en 1852, par la Société archéologique. Nous nous contentons d'indiquer et de décrire les plus importants.

1. — CHYTRA.

Peint. — Poterie commune dont se servaient les Grecs pour faire cuire les mets. Fond blanc, avec quelques filets rouges et noirs. Sur le haut du vase, il est représenté, sur une face, un char traîné par un cheval au galop, un conducteur tient les rênes ; sur l'autre face, une cigogne et un animal fantastique.

Haut., 0^m50. — Diamètre, 0^m50.

2. — HYDRIA, à trois anses.

Peint. — Sur la face, une Némésis assise, tenant d'une main un flambeau, et de l'autre un sceptre; elle est coiffée de serpents.

Haut., 0^m32. — Diamètre, 0^m70.

3. — ŒNOCHOE.

Peint, blanc sur fond noir. — Achille, debout, tenant un cheval par la bride; à sa gauche, une femme assise devant un bouclier; entre les deux figures, une colonne.

Haut., 0^m55. — Diamètre, 0^m10.

4. — GUTTURNIUM.

Sorte de cruche avec goulot et bec, dont on se servait pour verser de l'eau sur les mains. Terre commune, ornée simplement de filets rouges et noirs.

Haut., 0^m30. — Diamètre, 0^m08.

5. — GUTTURNIUM.

D'une autre forme, et orné de rinceaux élégants dans sa partie supérieure.

Haut., 0^m10. — Diamètre, 0^m10.

6. — LAGENA.

Vase à deux anses et à large ventre, destiné à contenir du vin, et quelquefois à enfermer des fruits.

Haut., 0^m25. — Diamètre, 0^m20.

7. — Capis et Epichysis, de formes variées.

8. — Capis.

De la meilleure époque. Peint. — Forme très-pure, terre fine et d'un travail soigné. Sur la face on voit représentée une esclave apportant les présents de noce et les offrant à une femme debout en face d'elle. Peinture rouge relevée de blanc, fond noir.

Haut., 0^m19. — Diamètre, 0^m12.

9. — Calix-Pterotus (ailé).

Ainsi nommé à cause de la forme des anses, qui ressemblent à des ailes déployées de chaque côté du vase. Peint, fond au vernis noir avec bande rouge ménagée dans le haut, sur laquelle se détachent un grand nombre de figures représentant des lutteurs.

Haut., 0^m15. — Diamètre, 0^m24.

10. — Lagena.

Peint, fond blanc, figures noires, animaux fantastiques.

Haut., 0^m18. — Diamètre, 0^m15.

11. — Calix-Pterotus.

Peint, fond noir, bande rouge dans le haut du vase, sur laquelle court un ornement noir très-riche, relevé de quelques points d'émail blanc et d'incisions au burin.

Haut., 0^m10. — Diamètre, 0^m17.

12. — CALIX, formes et dimensions diverses.

Vases destinés aux festins.

13. — LAGENA, formes et dimensions variées.

14. — GUTTUS.

Vase à col très-étroit; il servait ordinairement à contenir de l'huile. Peint, fond noir, figures rouges debout. C'est ce vase, dans de plus grandes dimensions, magnifiquement décoré et plein d'huile pure de l'Attique, qu'il était d'usage de donner aux vainqueurs dans les jeux d'Athènes.

Haut., 0^{m}17. — Diamètre, 0^{m}08.

15. — VASES de même nature que le précédent; dimensions et ornementations variées.

16. — CANTHARUS.

Coupe à boire d'une forme particulièrement consacrée à Bacchus. Fond noir.

Haut., 0^{m}14. — Diamètre, 0^{m}10.

17. — DIOTA.

Terre commune, mais d'une forme très-pure.

Haut., 0^{m}09. — Diamètre, 0^{m}09.

18. — CALIX-PTEROTUS.

Peint, forme très-pure; ornements noirs et blancs très-riches, sur fond rouge.

Haut., 0ᵐ09. — Diamètre, 0ᵐ18.

19. — SCYPHUS.

Peint, brun sur fond jaune. Sur la surface intérieure, une sirène tenant un poisson; sur la surface extérieure, filets et rinceaux.

20. — PATINA.

Terre très-fine; ornementation très-riche, en relief. Ce vase servait principalement dans les opérations de la cuisine.

Haut , 0ᵐ07. — Diamètre, 0ᵐ17.

21. — AMPHORE.

Peinte, fond rouge, rinceaux blancs, incisions au burin.

Haut., 0ᵐ25. — Diamètre, 0ᵐ10.

22. — VASE sans anses, forme ampulaire non décrite jusqu'ici.

Peint. — Terre très-fine, fond jaune, dessins bruns, ornementation riche, double rang de figures égyptiennes assises ou debout. Imitation grecque du style égyptien. Trouvé à Délos, comme les précédents.

Haut., 0ᵐ15. — Diamètre, 0ᵐ06.

23. — Gutturnium de différentes dimensions.

24. — Patina, avec couvercle.

25. — Olla cineraria, avec son couvercle.

Peint. — Dessins noirs sur fond blanc.

Haut., 0^m09. — Diamètre, 0^m12.

26. — Vases de même espèce.

Dimensions diverses, moins ornementés.

27. — Scyphus.

Coupe pour le vin, dont on se servait le plus ordinairement dans les repas.

Haut., 0^m11. — Diamètre, 0^m11.

28. — Vases de même espèce, formes variées.

29. — Chytra, avec son couvercle.

Terre rouge négligemment décorée de filets noirs.

Haut., 0^m10. — Diamètre, 0^m14.

30. — Cyathus.

Coupe légère munie d'une seule anse ; elle servait aux

Grecs pour puiser dans les cratères et remplir les coupes de chaque convive. Terre rouge sans ornement.

Haut., 0^m08. — Diamètre, 0^m09.

31. — CHYTRA de différentes dimensions, et avec leurs couvercles.

Deux de ces vases, plus particulièrement destinés à aller sur le feu, ont des pieds formés au moyen de quatre entailles à la base.

32. — ARYBALE.

Ces vases étaient destinés à renfermer des parfums. Celui-ci offre cet intérêt local : il représente, peint en rouge et au trait simple, deux personnages armés de lances, qui portent à mi-corps, chacun, un cheval de bois, et figurent une danse dont le *chevalet,* en usage dans nos contrées, est la reproduction fidèle.

Donné par M. Boudard.

33. — VASES de même espèce, dimensions différentes et ornementations variées.

34. — OLLA, avec son couvercle, dans un état de parfaite conservation.

Peint, fond blanc, décoration élégante, rouge et noir, grecque et rinceaux.

Haut., 0^m24. — Diamètre, 0^m21.

35. — Patères à anses ailées.

Très-plates, servant dans les sacrifices.

36. — Calix.

D'un galbe très-élégant, terre très-fine. Peint, noir sur fond rouge. — Femmes nues célébrant les mystères, elles portent de fausses barbes et un phallus.

Haut., 0^{m}10. — Diamètre, 0^{m}20.

36 *bis.* — Vase de même nature.

Dans l'intérieur est peinte une sirène.

37. — Vase cylindrique, avec son couvercle.

Ornementé avec soin. Peint, rouge et noir, grecque noire. Il était consacré à la toilette des femmes.

38. — Epichysis.

Forme très-élégante. Peint, fond blanc, filets rouges (Athènes).

Haut., 0^{m}21. — Diamètre, 0^{m}15.

---

39. — Vases gallo-romains découverts à Béziers ou dans les communes voisines.

Donations diverses.

40. — Lampe en cuivre, de forme élégante, et munie de sa chaîne et de son crochet de suspension, trouvée à Fonceranes, près Béziers.

41. — Lampes ordinaire en terre cuite, diverses de grandeur et d'ornementation. Deux ou trois ont été découvertes dans nos contrées.

---

42. — Verres trouvés dans les fouilles de Délos : ampulles, patères, olla et débris divers.

---

43. — Haches celtiques en silex.

44. — Amphons et débris gallo-romains trouvés dans nos contrées.

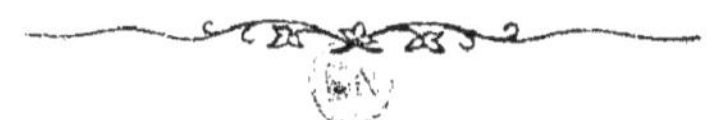

MÉDAILLES

APPARTENANT A LA SOCIÉTÉ ARCHÉOLOGIQUE

—oo⚫oo—

MONNAIES ROMAINES

Compartiment vitré Nº 1.

	Or.	Argent.	Bronze.
Familles consulaires..................	»	163	21

IMPÉRIALES ROMAINES

Nº 2.

Auguste. — Domitien...............	5	15	145

Nº 3.

Domitien. — Commode..............	»	25	210

Nº 4.

Commode. — Maximin..............	»	17	279

Nº 5.

Maximin. — Aurélien..............	»	24	490

Nº 6.

Aurélien. — Constantin............	»	»	552

Nº 7.

Constantin. — Julien..............	1	»	249

Nº 8.

Julien. — Théodose................	5	4	415
A REPORTER......	9	216	2049

	Or.	Argent.	Bronze.
REPORT	9	216	2049

MONNAIES DIVERSES

Nº 9.

	Or.	Argent.	Bronze.
Premiers rois visigoths	»	10	»
Celtibériennes	»	28	»
Charlemagne	»	1	»
Vicomtales (Béziers). La collection est complète.			
Royales, Prélats, Barons	43	257	»

Nº 10.

	Or.	Argent.	Bronze.
Médailles antiques : Grèce et colonies grecques	2	122	146
Jetons, médailles historiques modernes	»	»	325
TOTAUX	54	614	2320

FIN.